Bébés de la ferme

Textes de Natacha Fradin
Photos de l'agence Colibri

MILAN
jeunesse

Attention, les petits oiseaux vont bientôt sortir des œufs

...etites boules jaunes de duvet : les **poussins** sont nés !

Hop, hop ! Maman **poule** les emmène déjà se promener

Comme ces oisons, qui suivent l'oie pour ne pas s'égarer.

Tout doux, tout blanc, voici le mignon petit agneau.

Tu as vu ? Le **chevreau** a trouvé une plume pour jouer !

Drôle d'oiseau ! Il ne vole pas, c'est un **dindonneau**.

« Bienvenue, les *lapereaux* ! » semble dire madame lapine.

Oh, là, là, tous ces *porcelets* ! La truie a bien du travail

Photo de famille pour petit *veau* et sa maman !

Comme l'ânesse, sa maman, l'ânon a de grandes oreilles

Le **poulain** a l'air pataud, mais peut déjà partir au galop.

Regarde ! De ces petits œufs sont sortis des canetons.

Et de ces œufs plus gros... des *autruchons* !

Caché dans la grange, le gobe-mouches nourrit ses petits

Des boules de coton ? Non, les bébés de la <mark>chouette</mark> !

Dans la paille, on trouve de jeunes chiots.

Et un joli chaton qui se lèche pour se faire beau !

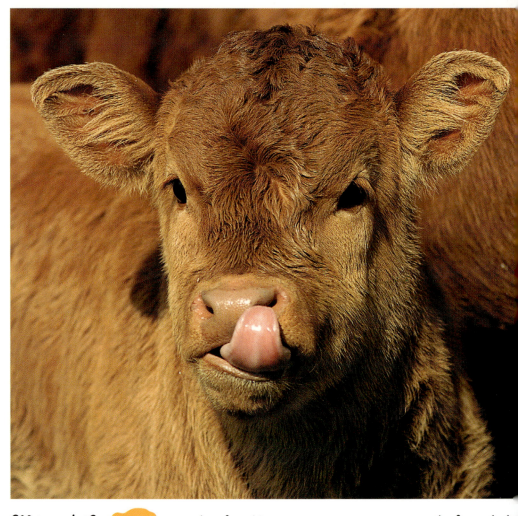

Miam ! Le *veau* se régale d'avance en pensant à la tétée